Werner Färber

Kleine Geschichten vom tapferen Ritter

Illustrationen von Leopé

Loewe

Die Deutsche Bibliothek – CIP-Einheitsaufnahme

Färber, Werner:
Kleine Geschichten vom tapferen Ritter / Werner Färber.
Ill. von Leopé.
– 1. Aufl. – Bindlach : Loewe, 2000
ISBN 3-7855-3694-1

Der Umwelt zuliebe ist dieses Buch
auf chlorfrei gebleichtem Papier gedruckt.

ISBN 3-7855-3694-1 – 1. Auflage 2000

Umschlagillustration: Leopé

Inhalt

Alles für den Ritter

Rüdiger möchte gerne  werden. Heute kann er beim  die bestellte  abholen. Rüdiger ist ganz aufgeregt. Er hat schon so viel über  gehört. Der eine zog aus, um eine  zu befreien.

Der andere kämpfte gegen einen

wilden . Es gibt auch

viele spannende  über sie.

In einem  geht es um

den  Don Quichotte.

Der war ein wenig merkwürdig

und prügelte sich mit .

Und neulich lief im  ein

lustiger  über die 

der  . Die haben allerdings

keine  , deswegen müssen

sie unterwegs mit  klappern.

Das hört sich an, als würden sie
über eine hölzerne  reiten.
So ein  möchte Rüdiger
nicht werden. Ob der  die
 wirklich fertig hat?

Tatsächlich. Und wie sie passt.

Rüdigers 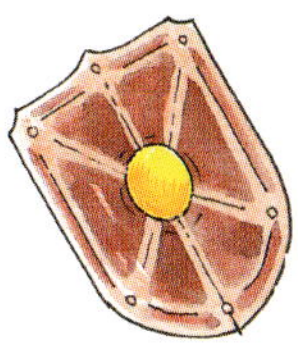 und seine 

stehen auch bereit. Der 

holt gerade das glühende 

aus dem lodernden  .

„Ich bin gleich so weit“, sagt der  zu Rüdiger. Mit dem großen  bearbeitet er das  auf dem 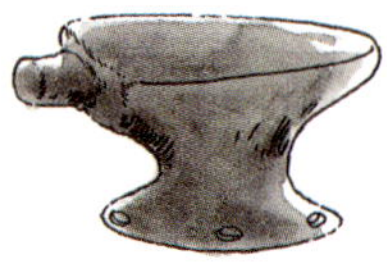. In einem 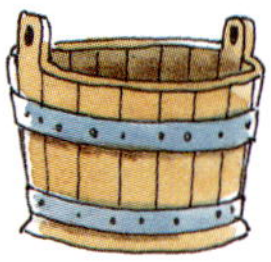 kühlt er es ab.

Endlich hat Rüdiger alles, was

ein  braucht. Stolz reitet

er in seiner blitzblanken 

zur  zurück.

Ein fürchterlich langer Name

Rüdiger tritt vor den , um

sich zum  schlagen zu

lassen. „Wie möchtest du von

nun an heißen?“, fragt der .

„Natürlich Rüdiger“, antwortet

Rüdiger verwundert. Aber damit

ist der  nicht einverstanden.

„Als  kannst du nicht

einfach Rüdiger heißen“, sagt er.

„Wo kommst du her?“

Rüdiger zeigt zum 

hinaus. „Dort drüben, das ist

meine . Die mit den

sieben .“ „Sage mir, was

du kannst“, fordert der .

„Na ja, so dies und das“, antwortet Rüdiger bescheiden. „Die  kann ich ganz gut spielen.“

„Das reicht nicht“, sagt der . Ungeduldig schüttelt er den .

Dabei rutscht ihm doch glatt

die  herunter. Pling – schlägt

sie einmal heftig auf und rollt

die  hinunter. Schnell wie

der  zückt Rüdiger sein  .

Elegant spießt er die königliche

 auf. Leider ist ein 

verbogen. Rüdiger hämmert ihn

mit bloßer  wieder gerade.

„Danke“, sagt der  , „sehr freundlich. Und wie du heißen sollst, weiß ich jetzt auch. Knie vor dem  nieder!“

Der  legt sein  auf

Rüdigers . „Hiermit schlage ich

dich zum . Merke dir, wie du

von nun an heißen wirst: Rüdiger,

edler  mit flinkem  und

eiserner  von der 

mit den sieben ."

Rüdiger schluckt. Wie soll er sich

das jemals merken? Er verneigt

sich vor dem  und macht sich

auf den  zur  .

Unterwegs trifft er einen  .

„Wie heißt du, edler  ?"

Rüdiger überlegt und antwortet

kurz: „Ich bin  Rüdiger." Er

kann sich doch nicht jedes Mal

den 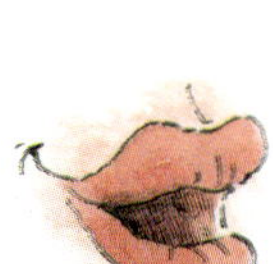 fusselig reden.

Arme Ritter

Der  Rüdiger hebt die 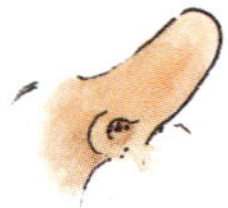.

„Mhm, wie das duftet“, sagt er.

„Bestimmt macht der  gerade

mal wieder arme .“ Die isst

Rüdiger ungeheuer gern. Man

nimmt ein und legt es in

einen 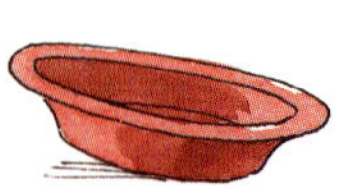 mit geschlagenem .

Wenn das  gut

eingeweicht ist, wird es paniert

und in der  gebraten.

Rüdiger kann nicht widerstehen.

Er schleicht die  hinunter.

Vielleicht kann er dem  was aus der  stibitzen. Der  ist nicht da. Rüdiger nimmt eine . Plötzlich tritt der  hinter der  hervor. „Deine  quietscht. Man hört dich schon von weitem kommen.“

Der  erschrickt und rennt

schnell die 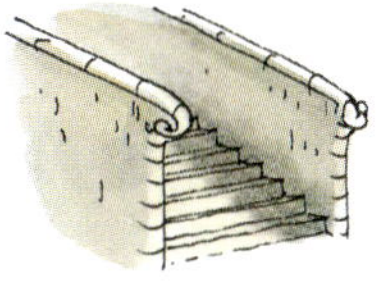 hoch. Doch

er stolpert, purzelt und holpert

dem  direkt vor die 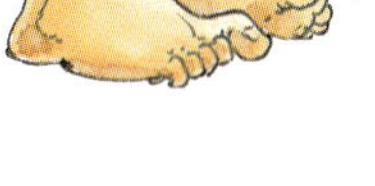.

Kleinlaut geht Rüdiger nach oben.

Die eisernen  und

der  sind heil geblieben. Aber

die 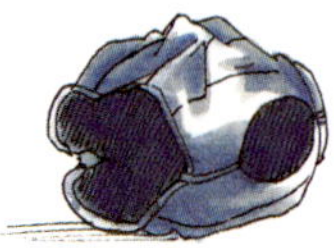 sieht verbeult aus.

Wie schade, dass es kein 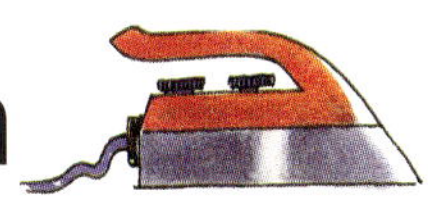

gibt, mit dem man eine 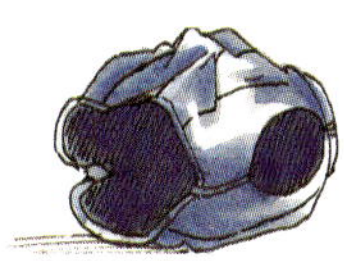

bügeln kann. Rüdiger muss sich

mit dem  behelfen.

Stundenlang klopft Rüdiger an der  herum. Zuletzt nimmt er das 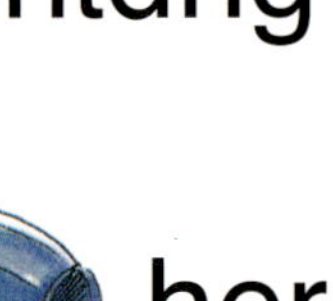 und ölt sie. Er will sich gerade wieder anschleichen, da läutet der 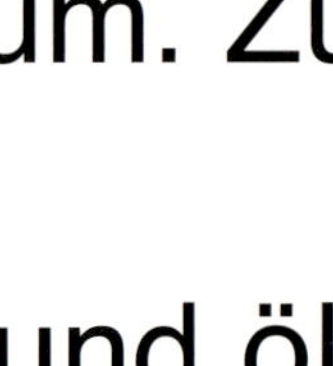 die 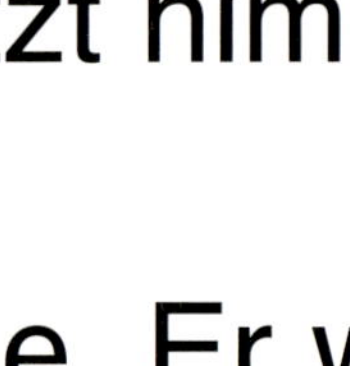.

„Komm zu , Rüdiger! Oder soll ich heute alleine essen?“ Das lässt sich der  Rüdiger nicht zweimal sagen. Er rennt los, dass seine  nur so scheppert. Allerdings ohne zu quietschen.

Seltsame Ritterspiele

Rüdiger hat alle  auf seine  eingeladen. „Liebe  “, verkündet er, „heute wollen wir nicht mit  kämpfen. Wir wollen uns auch nicht mit  von den  stoßen. Lasst uns lieber was Lustiges spielen.“

„Rüdiger hört sich an wie ein

feiger  “, höhnt der schwarze

 . „Muss es immer blutige

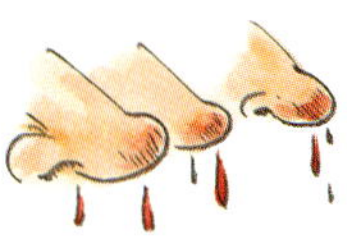 und gebrochene 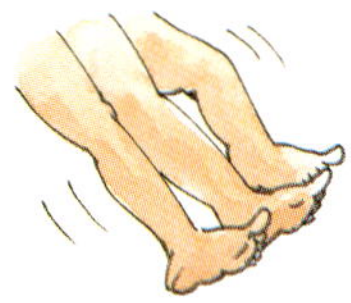

geben?“, entgegnet Rüdiger.

Der schwarze  lacht

spöttisch. Rüdiger lässt sich nicht

beirren. Er erklärt den  ,

was er vorhat. Alle machen mit.

Nur der schwarze  sitzt auf der  und schmollt. Die andern nehmen sich  und hüpfen zehnmal um den . Dann stellen sich alle auf den . Wer als Letzter umfällt, hat gewonnen.

Rüdiger fällt immer noch mehr ein.

Die  müssen  essen,

ohne die 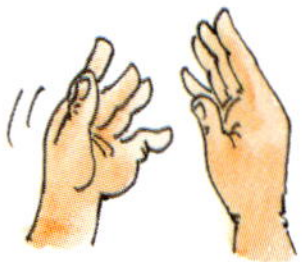 zu benutzen. Und

sie müssen auf einem  ein 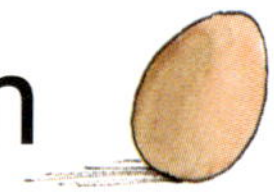

um die ganze  balancieren.

Irgendwann hält es der schwarze

 nicht mehr aus und macht

mit. Er gewinnt sogar fünfmal.

Genauso oft wie  Rüdiger.

Maskenball im Schloss

Der  hat Rüdiger in sein  eingeladen. Aber der  muss sich verkleiden. „Jeder, der nicht erkannt wird, erhält eine goldene 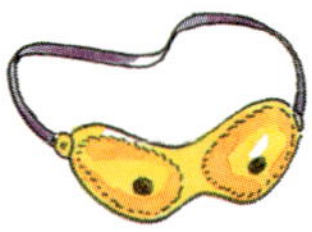 “, hat der  versprochen. Der  durchsucht seinen 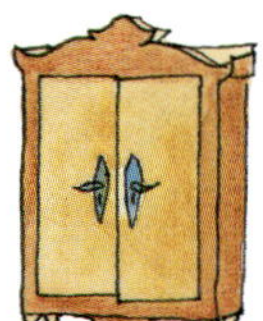 .

Er findet nichts, womit er sich

verkleiden könnte. „Kann ich

deine 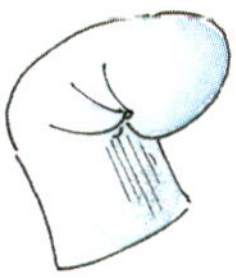 und deine 

haben?“, fragt Rüdiger den .

„Meinetwegen, hängt aber alles nass auf der , sagt der .

„Leihst du mir deine  und auch noch deinen ?“, fragt Rüdiger den . „Brauch ich leider selber“, sagt der .

Der  überlegt, ob er vielleicht

als  gehen soll. „Ich weiß

was“, sagt die  des 

und flüstert Rüdiger etwas ins 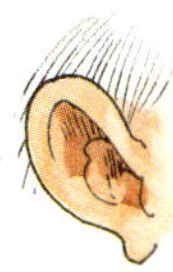 .

„Au ja, das mach ich“, sagt er.

Als Rüdiger im  ankommt,
wird überall getuschelt, wer das
sein könnte. Die andern sind leicht
zu erkennen. Die  hat
vergessen, ihre  abzunehmen.
Der schwarze  hat sich nur
eine rote  aufgesetzt. Und
den  erkennt man ganz
einfach an seiner goldenen  .

Schließlich verkündet der ,

wer gewonnen hat. „Die einzige

goldene 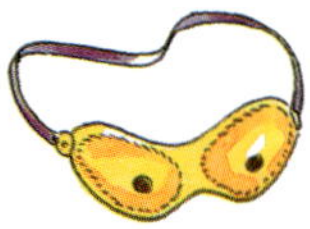 geht an die

schöne  dort drüben!“

Endlich darf sich Rüdiger zu

erkennen geben. Ihm fällt

ein  vom . Denn

ausgerechnet der schwarze 

hat ihm schöne  gemacht.

Rüdiger im Räuberwald

Der edle  Rüdiger reitet durch den stockfinsteren . Er sieht kaum die 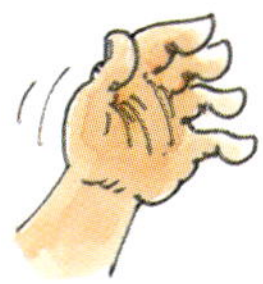 vor . Hier im  sollen wilde  hausen. Plötzlich bleibt sein  Rosine stehen und spitzt die .

„Ist was?“, fragt Rüdiger.

Eine  ruft. „Die ist doch harmlos“, sagt Rüdiger. Aber dann prescht ein  hinter den  hervor. Rosine galoppiert erschrocken los. Zack!

Rüdiger knallt gegen einen dicken . Der  klammert sich mit beiden 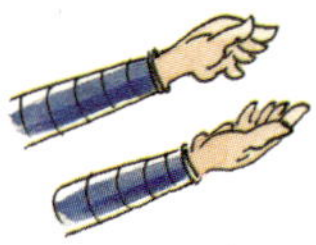 fest. „Halt!“, ruft er.

Doch Rosine galoppiert weiter.

Ächzend zieht sich Rüdiger hoch.

Er setzt sich auf den  und

baumelt mit den . „Schuhu!“,

hört er noch einmal die  rufen.

Der  geht über den 

auf. Bewegt sich da nicht etwas?

Ein  ? Etwa ein 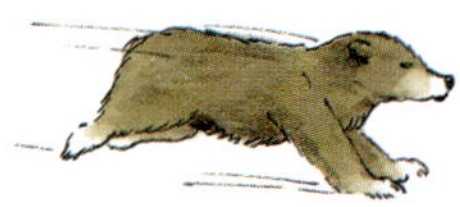 oder ein  ? Da kommt doch etwas auf Rüdiger zu. Ist es nun um den mutigen  geschehen?

Aber nein. Es ist sein . „Hol mich runter!“, ruft Rüdiger. Rosine stellt sich unter den , und Rüdiger rutscht in den 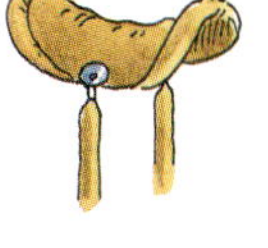.

Bald ist er aus dem  heraus.

Nicht weit entfernt leuchtet der

silberne  über den 

seiner . Nun ist Rüdiger

wieder sicher, dass es in diesem

 gar keine  gibt.

Die Wörter zu den Bildern:

Ritter

Schmied

Rüstung

Prinzessin

Drache

Bücher

Windmühlen

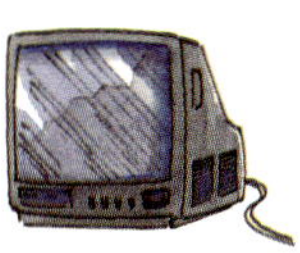
Fernseher

Film

Kokosnuss

Pferde

Brücke

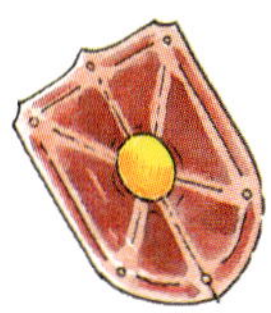
Schild

Lanze

Schwert

Feuer

Hammer

Amboss

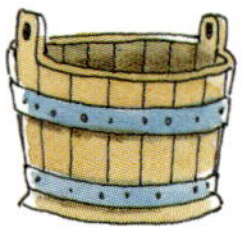
Eimer

Burg

König

Fenster

Türme

Laute

Kopf

Krone

Treppe

Blitz

Zacken

Faust

Thron

Weg

Bauer

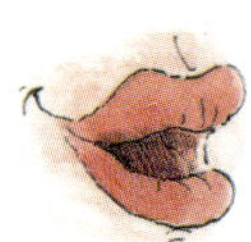
Mund

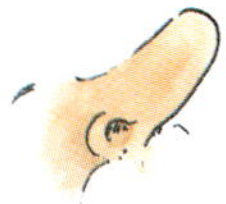

Nase

Koch

Brötchen

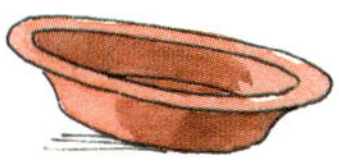

Teller

Ei

Pfanne

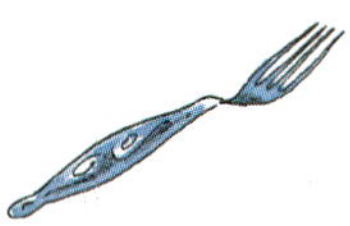

Gabel

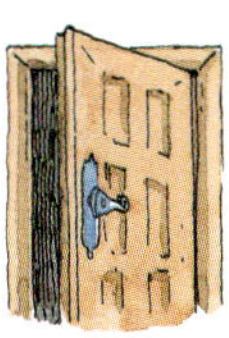

Tür

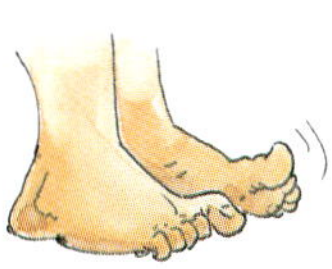

Füße

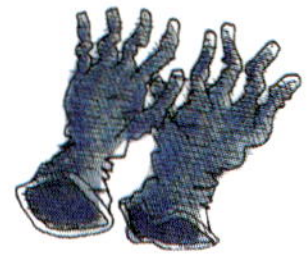

Handschuhe

Helm

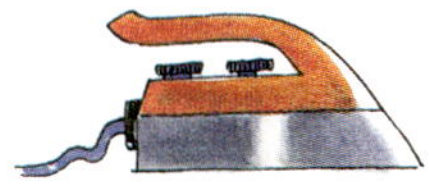

Bügeleisen

Ölkännchen

Glocke

Tisch

Hase

Beine

Bank

Säcke

Brunnen

Äpfel

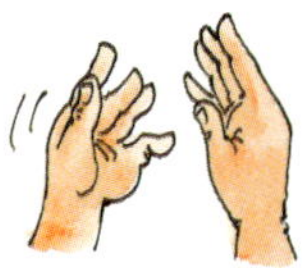

Hände

Löffel

Schloss

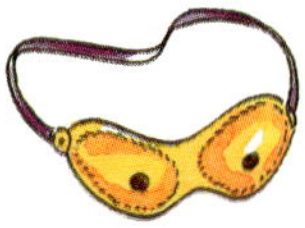

Maske

Schrank

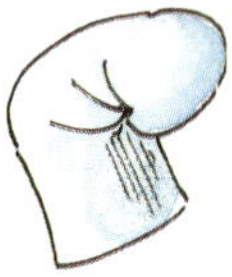

Mütze

Schürze

Wäsche-
leine

Vogel-
scheuche

Frau

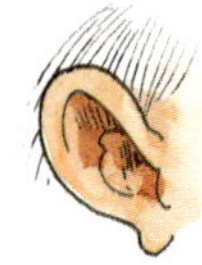

Ohr

Königin

Clownsnase

Kette

Stein

Herz

Augen

Wald

Räuber

Eule

Wildschwein

Büsche

Ast

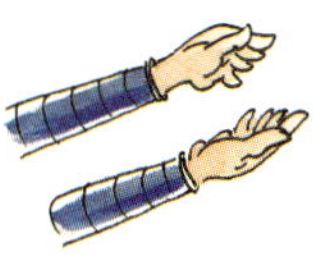

Arme

Mond

Bäume

Bär

Wolf

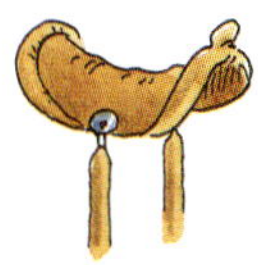

Sattel

Werner Färber wurde 1957 in Wassertrüdingen geboren. Er studierte Anglistik und Sport in Freiburg und Hamburg und unterrichtete anschließend an einer Schule in Schottland. Seit 1985 arbeitet er als freier Übersetzer und schreibt Kinderbücher.

Leopé erblickte 1960 in Heilbronn das Licht der Welt. Sobald er Stifte halten konnte, bemalte er alles, was ihm zwischen die Finger kam. Deshalb studierte er in Stuttgart Grafik-Design. Anschließend machte er eine Ausbildung zum Erzieher. 1995 veröffentlichte Leopé sein erstes Bilderbuch. Er lebt in Berlin und hat seitdem mehrere Kinderbücher geschrieben und illustriert.